— 3 —

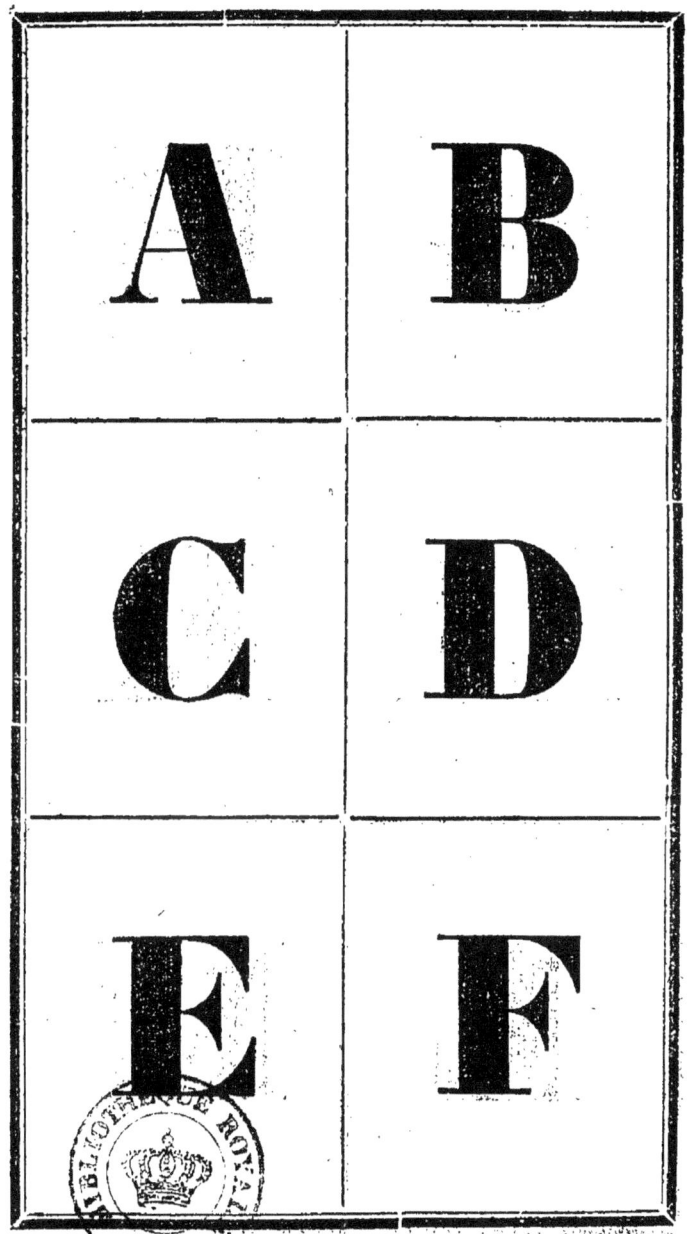

— 4 —

G	H
IJ	K
L	M

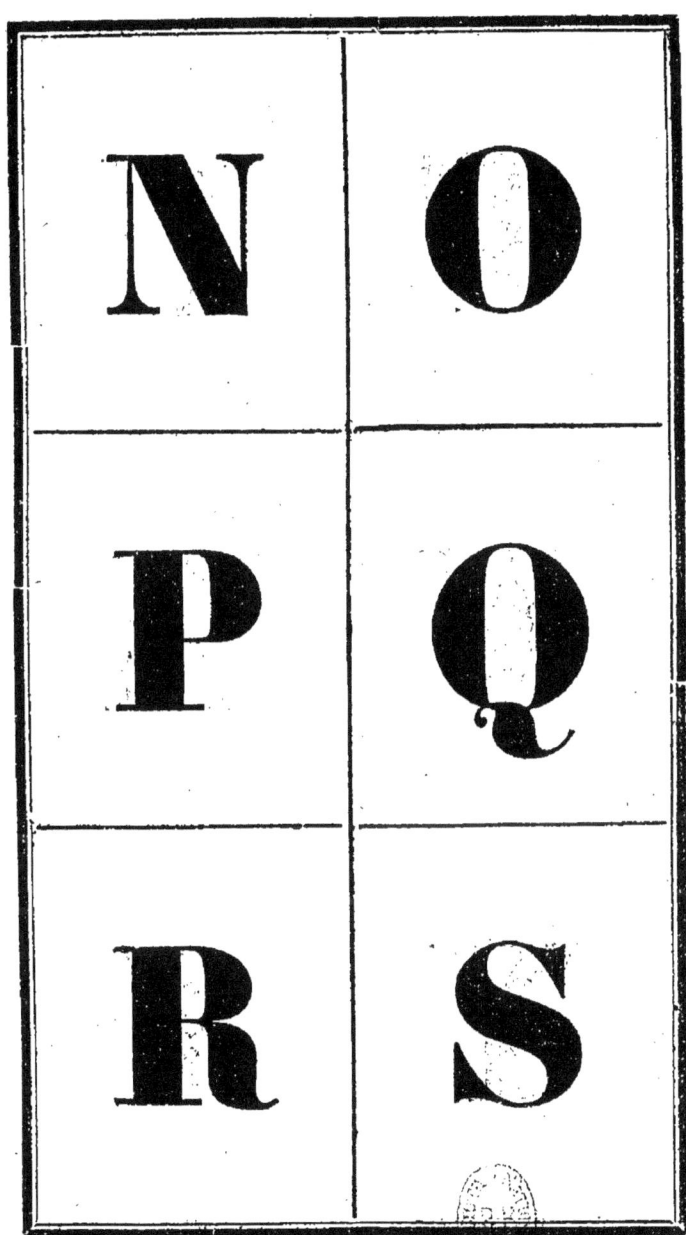

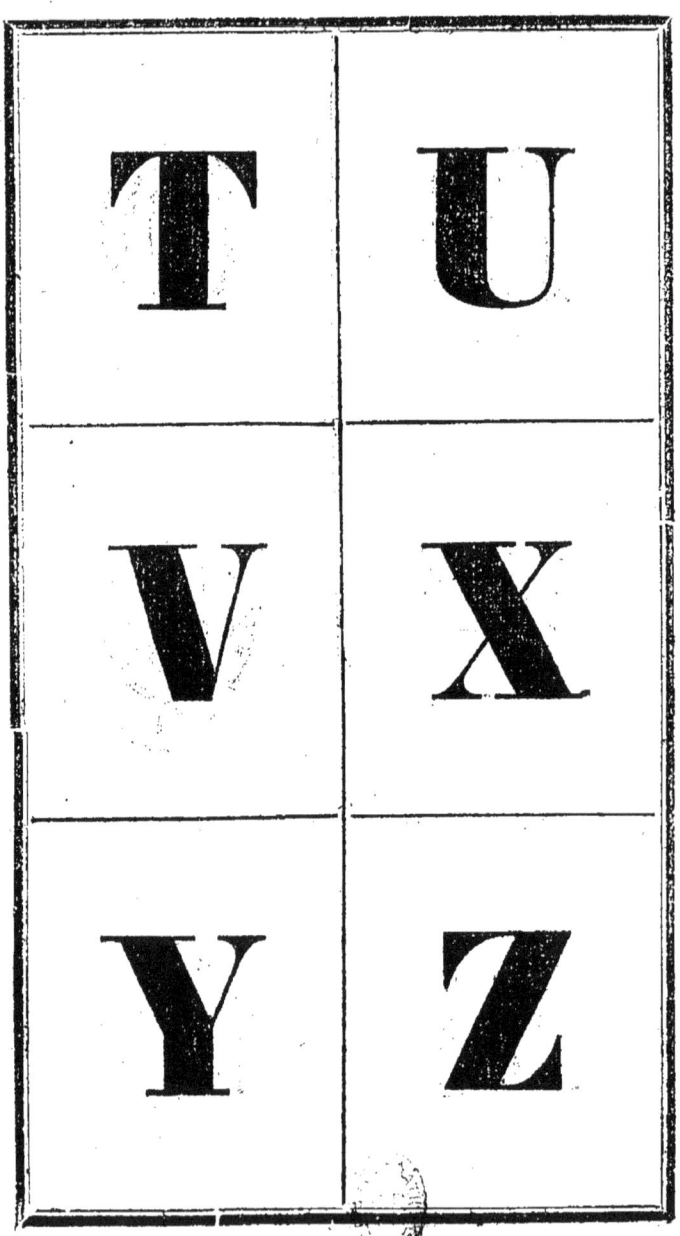

A B C D E F
G H I J K L
M N O P Q R
S T U V X Y
Z Æ OE W Ç
É È Ê - ' . : , ;

a b c d
e f g h i j k
l m n o p q r
s t u v x y z
œ œ w ç é è
ê ë fi ffi fl ffl
ï ü ! ?

A B C D E

F G H I J K

L M N O P Q

R S T U V X

Y Z Æ OE W

Ç É È Ê.

SYLLABES.

a	e	i	*ou*	y	o	u
ba	be	bi	bo	bu		
ca	ce	ci	co	cu		
da	de	di	do	du		
fa	fe	fi	fo	fu		
ga	ge	gi	go	gu		
ha	he	hi	ho	hu		
ja	je	ji	jo	ju		
ka	ke	ki	ko	ku		
la	le	li	lo	lu		

ma me mi mo mu
na ne ni no nu
pa pe pi po pu
qua que qui quo qu
ra re ri ro ru
sa se si so su
ta te ti to tu
va ve vi vo vu
xa xe xi xo xu
za ze zi zo zu

LETTRES ACCENTUÉES.

é aigu, à è ì ò ù graves.
â ê î ô û circonflexes.
ë ï ü. tréma.

Pâ té.
Mè re.
Pâ tre.
Mê me.
Maî tre.
A pô tre.
Hé ro ï ne.

LETTRES DOUBLES

ET LIÉES ENSEMBLE.

æ   œ   fi   ffi
w   ff   fl   ffl
æ   *œ*   *fi*   *ffi*
w   *ff*   *fl*   *ffl*

OEil.   OEuf.
Bœuf.   Figure.
Office.   Soufle.
Affaire.   Wisk.
Affluer.   Wiski.

MOTS A ÉPELER.

Pa pa. Gâ teau.
Ma man. Pain.
A mi. Cou teau.
Rat. Four neau.
Pom me. Poi re.
Chat. Sou ris.
Chi en. La pin.
Cou sin. Bla ser.
Bal lon. Bre bis.
Bou le. Cli mat.

Cher cher.

Cro quet.

Dra gon.

Flam me.

Gre lot.

Mai son.

Mon ta gne.

Re çu.

Thé.

Trom per.

Phi lo so phe.

MOTS PLUS DIFFICILES A ÉPELER.

In di gna ti on.
Pa ti en ce.
In di vi si bi li té.
Or phe lin.
I ne xo ra ble.
Scor pi on.
Zo di a que.
Pa trouil le.
Ci trouil le.
Bouil li.

Vo lail le.
Ail.
Co quil la ge.
Li ma çon.
Cuir.
É pi lep sie.
Fau teuil.
Feuil le.
Ex cel lent.
Phra se.
Prin temps.

PHRASES A ÉPELER.

J'ai me pa pa.
Je se rai bi en sa ge, et l'on m'ai me ra bi en.
J'i rai me pro me ner tan tôt, si le temps est beau.
Quand j'au rai bi en lu ma le çon,

on me don ne ra
des dra gées.

Les cou teaux
cou pent; les épin-
gles pi quent; le
feu brû le ; les
chats é gra ti-
gnent.

Voi ci un che-
val; il a qua tre
jam bes; les oi-

seaux n'ont que deux jam bes; mais ils ont deux ai les; ils vo lent.

Les pois sons ne vo lent pas; ils na gent dans l'eau; les pois sons ne pour raient pas vi vre dans l'air.

Le vez la tê te, vous ver rez lui re le so leil.

C'est Dieu qui a fait le so leil : Di eu a fait tout ce que nous voyons; il est le maî tre de tout; il sait tout.

Pour plai re à Di eu, un en fant doit o bé ir à ses parents, et s'ap pli quer à bi en li re.

Il faut que cha cun tra vail le : ce lui qui ne tra vail le pas, ne mé ri te pas de man ger.

Le pain se fait a vec de la fa ri ne; la fa ri ne se fait a vec du blé.

Pour a voir du blé, il faut le se mer; a vant de se mer, il faut la bou rer; la ter re est dif fi ci le à la bou rer.

Le blé pous se des ra ci nes; les ra ci nes por tent u ne ti ge; cet te ti ge pro duit un é pi; cet é pi ren fer me des grains de blé.

Nos chemises sont de toile; la toile se fait avec du fil; le fil se fait avec du chanvre; on sème la graine qui produit le chanvre.

Nos habits sont ordinairement de laine; la laine croît sur les moutons; on la file.

On ne tond les moutons qu'une fois dans l'année; une année est composée de douze mois; dans un mois il y a trente jours, et dans le jour il y a vingt-quatre heures.

Ne vous mettez pas en colère.

L'enfant doux se fait aimer.

DIFFÉRENTS CRIS
DES ANIMAUX.

Le chi en a boie.
Le co chon gro gne.
Le che val hen nit.
Le tau reau beu gle.
L'â ne brait.
Le chat mi au le.
L'a gneau bê le.
Le li on ru git.
Le loup hur le.
Le re nard gla pit.
Le moi neau pé pie.
Le cor beau cro as se.
La tour te rel le gé mit
Le pi geon rou cou le.
Le ros si gnol ra ma ge.

Le coq chan te.
La pou le glous se.
La pie ba bil le.
Le ser pent sif fle.

FABLE A ÉPELER.

LA POULE ET LE COQ.

Une pou le di sait à un jeu ne coq son fils qui s'é tait per ché sur le bord d'un puits : Mon fils, c'est là qu'un de vos frè res a per du la vie en es sayant de vo ler dans cet en droit fa tal. Crai gnez que vo tre té mé rité ne vous at ti re le mê me sort. Le coq lui pro mit d'ê tre sa ge; mais à pei ne sa mè re l'eût-el le per du de vue, qu'il vo la sur le bord du puits. Il se bais se, voit son i ma ge, et cel le du grain qu'il te nait à son bec. Oh! dit-il, c'est un coq qui sans dou te se nour rit de grains ca chés dans ce li eu qu'on dit si fu nes te; voy ons si je ne pour rais a voir ma por ti on de ce bu tin. A l'instant il s'é lan ce au fond du puits; mais au li eu du grain qu'il cher chait, il n'y trou va que la mort, qu'il eut é vi tée, s'il eût sui vi les sa ges conseils de sa pru den te mè re.

HISTOIRE

DES ARTS ET MÉTIERS

REPRÉSENTÉS DANS CE LIVRET.

A. ARMURIER.

C'était celui qui faisait autrefois les armes défensives dont les gens de guerre se couvraient, comme le casque, la cuirasse, la cotte de mailles, les brassarts, les gantelets et les autres pièces de l'armure. Sous Philippe-Auguste les chevaliers réussirent à se rendre presque invulnérables en imaginant de joindre tellement toutes les pièces de leur armure, que la lance, l'épée, ni le poignard, ne pussent pénétrer jusqu'à leur corps, et de les rendre si fortes qu'elles ne pussent être percées ; aussi recommandaient-ils aux Armuriers de donner à leurs armes la meilleure trempe possible. Aujourd'hui que la mode des armures est passée, on ne fait plus que des corps de cuirasse dont on se sert dans la cavalerie française. On confond maintenant l'Armurier et l'Arquebusier, qui fabrique toutes les petites armes à feu, telles que les arquebuses, les carabines, les fusils, les mousquets, les pistolets ; il forge les canons, en fait les platines et les monte sur des fûts de bois. Ce métier, quoique nécessaire, est bien fatal au genre humain, et c'est avec beaucoup de précautions que les enfants doivent manier les armes à feu, causes toujours renaissantes de tant de malheurs.

B. BOULANGER.

Le Boulanger est celui qui pétrit et fait cuire le pain. Son métier, loin d'être funeste aux hommes comme le précédent, est un des plus utiles et mérite beaucoup d'attention, d'intelligence et d'expérience, surtout dans la préparation et dans le choix du *levain;* c'est un morceau de pâte aigrie qui sert à faire fermenter la pâte. L'atelier du Boulanger est garni d'un *pétrin* ou auge de bois dans laquelle on travaille la pâte; d'une chaudière, d'un bassin pour porter l'eau chaude dans le pétrin, d'une *ratissoire* pour détacher la pâte qui est collée aux parois du pétrin; d'un *coupe-pâte* de fer large et presque carré; d'une *couche* ou table de bois, sur laquelle on couche la pâte qu'on a tirée du pétrin ; de *sébiles* ou vaisseaux de bois faits en rond, dans lesquels on tourne le pain avant de le mettre au four ; de *plateaux* de bois plus grands et plus plats que les sébiles ; de *pannetons* ou petits paniers pour mettre le pain ; de toiles pour l'envelopper ; enfin de tous les instruments nécessaires à échauffer le four et à en conserver la chaleur. Les nations les plus policées ont toujours accordé quelques privilèges aux Boulangers, en considération de ce que, travaillant à la nourriture commune, ils étaient assujettis nuit et jour à un travail rude et pénible. A Rome, le sénat fit une loi pour les empêcher de quitter leur profession, et pour que les enfants d'ouvriers aussi utiles de l'un et de l'autre sexe fussent du métier de leur père. Lorsque, dans les années stériles, ils s'étaient distingués avec succès par leur zèle, la république leur faisait quelquefois l'honneur d'élever de temps en temps les principaux d'entre eux à la dignité de sénateur. Les Grecs considèrent encore plus les Boulangers que ne firent les Romains. En France la charge de grand-panetier était fort importante. Le premier ouvrier du Boulanger se nomme ordinairement *geindre*, et *mitron* en plusieurs endroits. Il y a eu des Boulangers dès le commencement de la monarchie ; on les appelait *pestors*, d'un mot latin.

C. CHAPELIER.

Les ouvriers qui font les chapeaux, ainsi que ceux qui les vendent, s'appellent Chapeliers. Pour faire les chapeaux on se sert de poil de castor, de lièvre, de lapin, etc., et de la laine commune. Le castor vient du Canada en peaux. La laine la plus longue étant la moins estimée pour la fabrique des chapeaux, on y emploie par préférence la plus courte, comme celle des agneaux et des jeunes moutons. Pour fabriquer un chapeau on bat la laine et le poil réunis et cardés, qu'on nomme l'*étoffe*, avec un instrument semblable à un long archer de violon, qui a une corde de boyau bien bandée et agitée avec la main par le moyen d'un petit morceau de bois nommé la *coche*, qui fait voler l'étoffe sur la claie. Cet instrument, appelé l'*arçon*, forme les *capades*, qui sont une certaine étendue de laine ou de poil; on les couvre de la *feutrière* ou toile mouillée, on les *étoupe*, on regarnit les endroits faibles, afin de leur donner une égale force partout. Quand le *feutre* est achevé, on le met à la *foule*. L'atelier de la foule est composé d'une chaudière, d'un fourneau au-dessous et de plusieurs *fouloires* en pente autour de la chaudière, qui sont des espèces d'étaux à bouchers, sur lesquels les ouvriers foulent les chapeaux; pour cela, on les trempe et on les fait bouillir dans l'eau de la chaudière où se trouve délayée de la lie de vin ; on les foule avec un *roulet*. Au sortir de la foulerie, le Chapelier *dresse le feutre*, c'est-à-dire qu'il l'enfonce et qu'il lui donne la figure de chapeau en le mettant sur une forme de bois pour en faire la tête. Dressé et mis hors de la forme, le chapeau est séché à l'étuve, puis *poncé* avec la pierre ponce, ou *robé* avec la peau de chien marin ; on l'envoie ensuite à la teinture, qui est composée de bois d'Inde, de noix de galle, avec un peu de gomme, de couperose et de vert-de-gris. On le lave, on le brosse, on le fait sécher et on lui donne l'*apprêt* ou le lustre avec la colle, après quoi on l'*abat sur le bassin*, et l'on aplatit les bords avec le carrelet; enfin on l'arrondit avec des ciseaux. Il fallait jadis, pour être reçu maître avoir fait cinq ans d'apprentissage, quatre de compagnonnage et chef-d'œuvre. On pense que les chapeaux ne sont en usage que depuis le quinzième siècle ; celui que portait Charles VII à son entrée à Rouen, en 1449, est un des premiers dont l'histoire fasse mention.

D. DISTILLATEUR.

La distillation est une opération par le moyen de laquelle on sépare, à l'aide du feu, les substances volatiles d'avec les fixes, ou une évaporation qu'on fait dans les vaisseaux clos, afin de recueillir et conserver à part les substances que le feu fait évaporer. Le Distillateur se sert de *cornes*, *d'alambic*, de *réfrigérant* et d'autres ustensiles communs aux chimistes. Il retire, en les distillant avec de l'eau, des plantes aromatiques, une *huile essentielle*, ainsi nommée, parce qu'elle est chargée de presque toute la partie odorante de la plante. On distille également ces huiles avec des liqueurs spiritueuses, telles que le vin, l'eau-de-vie, l'esprit et le vinaigre; mais cette distillation se fait au bain-marie. C'est au Distillateur que nous devons les eaux de Mélisse, de Lavande, de Cologne, et autres parfums d'un usage journalier pour la toilette. On lui est aussi redevable des ratafias et des sirops de toute espèce, qui sont distillés avec de l'eau-de-vie, et qui nous rendent l'odeur agréable des fleurs et le goût délicieux des fruits; ces liqueurs ou sirops, faits avec du sucre, offrent à notre palais un attrait bien séduisant; il faut se méfier, néanmoins, de leurs douceurs, et n'en user qu'avec modération; car l'excès en est presque toujours très-funeste à la santé.

E. ÉBÉNISTE.

L'ÉBÉNISTE est l'ouvrier qui fait des ouvrages de rapport, de marqueterie et de placage avec les bois de couleur, l'écaille, la nacre et autres matières.

Les outils des Ébénistes sont à peu près les mêmes que ceux des menuisiers, qui aujourd'hui sont presque tous Ébénistes. Leur nom vient de ce qu'autrefois le bois d'ébène était celui qu'ils employaient communément, et dont ils faisaient leurs plus beaux ouvrages. Les ouvrages les plus ordinaires que font les Ébénistes, sont des bureaux, des commodes, des secrétaires, des cabinets, des tables et autres meubles semblables. L'acajou, le mérisier, l'ormeau, sont les bois les plus en vogue; on leur donne mille formes élégantes, et on les enrichit de bronzes dorés. On ne peut qu'admirer la grande industrie qu'ils emploient dans leurs travaux : ils transforment le bois de poirier en bois d'ébène d'un noir de jais avec une décoction chaude d'encre et de noix de galle, imitent l'acajou avec le cerisier et du rocou, et donnent ensuite le poli au bois avec de la cire chaude. Cet art, qui ne contribue pas moins à la santé qu'à la commodité et à la décoration des appartements, avec le secours de la hache, de la scie et du rabot, creuse le bois, l'arrondit, le polit, le façonne comme une cire molle pour en faire des armoires, des parquets, des lambris et tout ce qui met à couvert ce que nous voulons conserver.

F. FORGERON

Ce nom se donne communément à tous les ouvriers qui travaillent le fer à la forge et au marteau, tels que les serruriers, taillandiers, couteliers. Leur atelier est toujours pourvu d'une forge avec son soufflet, d'une enclume sur laquelle le forgeron frappe le fer, qu'il fait rougir dans un feu de charbon; il le façonne avec son marteau de cent manières différentes, depuis les plus grossières pièces, telles que les essieux de voitures, les socs de charrue, jusqu'aux clefs, aux clous, aux crampons et aux menus produits de son art.

La poussière du charbon et la fumée, jointes à la vue continuelle de la flamme, donnent à leur figure, ainsi qu'à celle des ouvriers des forges de fer, une couleur noire qui effraie les enfants; mais ces ouvriers n'en sont pas moins estimables pour cela, et sont tous, pour la plupart, très-robustes et laborieux.

G. GANTIER.

C'est l'ouvrier et le marchand qui fait et vend toutes sortes d'ouvrages de ganterie, comme gants, mitaines, culottes de peau, bourses, ceintures et bretelles. Cette profession exige beaucoup de propreté et peu d'outils; les principaux dont elle se sert sont les ciseaux de tailleur ou *forces*, le couteau à *doler* et le *tournegant*. Le Gantier achète les peaux préparées, dont il fait un bon choix ; il commence par faire *parer* ces peaux, les rend ensuite d'égale épaisseur, ce qu'on appelle *effleurer à la main* ; les brosse, les éponge sur *la fleur* avec de l'eau fraîche, les met *en pompe*, c'est-à-dire en paquet ; enfin les découpe, et les fait coudre soit avec de la soie, soit avec du fil. La peau du chamois, de la chèvre, du mouton, de l'agneau, du daim, du cerf, de l'élan, sert à cette fabrication. Pour les gants de couleur, le Gantier sait faire lui-même la teinture qui convient à la demande de ses acheteurs ; cet ouvrier ne perd rien des peaux qu'il achète aux mégissiers, parce qu'il en vend les *enlevures* ou *retailles*, pour faire ce qu'on appelle *colle de gant*.

H. HORLOGER.

L'Horlogerie est l'art de construire des machines qui, par le moyen d'un rouage, mesurent le temps en le partageant en parties égales, et en marquant ce partage par des signes intelligibles.

Le détail de la main d'œuvre de l'Horloger est si étendu, qu'il suffirait pour en fournir un volume. Cet ouvrier fabrique des pendules à *poids* et d'autres à ressort. Il y a aussi des pendules à répétition et à réveil : les premières battent l'heure et les quarts, moyennant un cordon qu'on tire ; et les autres à l'heure qu'on choisit, font un bruit assez grand pour réveiller celui qui est à portée de l'entendre.

On appelle *Horlogers en petit* ceux qui ne font que des montres à gousset : mais il y a de ces montres de bien des espèces différentes : les montres simples, les montres à *secondes*, les montres à réveil, etc. Cette admirable invention a remplacé avantageusement tout ce dont se servaient les anciens pour mesurer le temps. Toute leur connaissance était bornée aux cadrans solaires, qui ne pouvaient leur être d'aucune utilité plus de la moitié de l'année, aux *clepsydres* ou horloges d'eau ou aux sabliers. Quelques auteurs attribuent l'invention des horloges à Gerbert, né en Auvergne, religieux d'Aurillac, qui fut depuis Pape, sous le nom de Sylvestre II.

I. IMPRIMEUR.

L'Art ingénieux de l'Imprimerie qui fixe la parole et la pensée, et qui, supérieur même à l'art d'écrire, multiplie les copies avec une rapidité aussi surprenante que la ressemblance parfaite qu'il leur donne à toutes, était inconnu aux anciens, à qui nous devons tant de secrets et d'inventions utiles.

L'Imprimerie assure une existence aussi permanente que celle du monde aux sciences et aux arts; grâce à son heureuse découverte, nous sommes à l'abri des funestes résultats du feu de la guerre qui consuma, dans Alexandrie et Constantinople, tant de richesses de l'esprit humain et tant d'inventions curieuses. On reporte à l'année 1440, l'invention de l'Imprimerie. De tous les arts c'est celui dont l'Église et la république des lettres ont retiré et retirent encore plus de secours. Par son moyen, l'Église est plus en état de répandre et de multiplier ses instructions, en mettant entre les mains des peuples les ouvrages qui établissent sa foi et sa doctrine. Gloire soit donc aux Typographes, qui consacrent leurs précieuses veilles à ce noble métier, et qui sont les utiles intermédiaires entre les inventeurs et les auteurs, et ceux qui doivent profiter des découvertes et des chefs-d'œuvres des sciences et des lettres. Honneur éternel à Jean Guttemberg, dont l'admirable invention a voué à l'immortalité les ouvrages des savants de toutes les nations.

Le mécanisme de l'art Typographique se

réduit à deux opérations distinctes qui exigent deux sortes d'ouvriers. Les premiers se nomment *Compositeurs* ou ouvriers à la *casse*, les seconds *Imprimeurs* ou ouvriers à la *presse*. La direction des travaux est confiée au *Prote*. Nous ne parlerons que superficiellement de la casse et des casseaux, ou sont placés les caractères, ainsi que des noms de ceux-ci, du *composteur*, lame de fer à coulisse sur laquelle on assemble des lettres, de ce qu'on appelle vulgairement *planche* et en terme de l'art *forme* ; nous nous bornerons à décrire en abrégé la *presse* qui est la partie la plus essentielle et où tendent toutes les autres. Le corps de la presse est composé de deux *sommiers* et de deux *jumelles*. C'est entre les deux sommiers, supportés par les jumelles, que se fait l'effort de la pression, au moyen de la *vis*, qui tend à soulever le sommier d'un côté, et de l'autre à fouler sur le sommier d'en bas et sur le *train* qui se trouve entre la vis et lui. Les ouvriers seuls peuvent prendre du plaisir à entendre nommer tout ce qui sert à l'Imprimerie ; aussi ferons-nous grâce de la *platine*, du *banc*, des *tympans*, de la *frisquette*, etc., dans l'espérance que ceux qui, en apprenant à lire, y prendront sans aucun doute le plaisir le plus vif, voudront plus tard examiner avec détail ce qui cause leurs plus douces jouissances; et se transporteront dans une Imprimerie, où le chef s'empressera de contenter leur curiosité, et leur montrera les lettres de métal, les chassis de fer, la manière de mouiller le papier, de placer l'encre, enfin tout ce qui constitue l'art Typographique.

J. JARDINIER.

Le Jardinier est proprement celui qui cultive les plantes qu'il a réunies dans un jardin ou un enclos : il porte ses soins aux arbres, aux fleurs, aux plantes potagères ; voila l'ouvrage du Jardinier qui entretient les jardins de campagne et ceux des particuliers. C'est lui qui alimente les marchés des villes, de fleurs, de légumes et de fruits ; c'est lui qui forme les bosquets, les berceaux, qui ceintre les branches encore jeunes, qui taille les charmilles au croissant, afin qu'elles ne présentent à l'œil que des murs de verdure et de superbes portiques. Il choisit pour ses espaliers un mur bien exposé, bien crépi, entretient la régularité de ses plates bandes et de ses parterres, pour réunir toutes les fleurs sous un même point de vue. Mais avant de faire jouir nos sens de l'odeur de ses fleurs si parfumées et du goût de ses fruits si appétissants, que de soins, que de peines n'a pas ce modeste et laborieux artiste pour disposer la terre, la couvrir d'engrais, tailler les arbres, les écheniller, pour répandre une eau salutaire sur tous ses trésors pendant l'été ! Et l'hiver, que de précautions à prendre contre les froids et la gelée ! que de fléaux n'a-t-il pas à combattre ? et même au moment de la récolte, n'a-t-il pas à redouter de se voir tout enlever par la grêle ? L'art du Jardinier, à la culture duquel plusieurs héros ne dédaignèrent pas d'employer leurs mains victorieuses, est un art fort estimable, et ceux qui l'exercent méritent toute notre reconnaissance.

L. LUTHIER.

C'est l'artiste qui fait tous les instruments de musique, et principalement des violons, basses, contre-basses, le Luth, d'où vient son nom, la harpe, la guittare, la mandoline, la vielle, etc. : il fait aussi et vend communément les flûtes, clarinettes, bassons et autres instruments à vent ; il vend aussi les orgues, clavecins, pianos, les accorde et les raccommode : les amateurs de musique trouvent chez lui tout ce qui leur est nécessaire, les cordes pour divers instruments et les différentes pièces des autres. Le Luthier sait ordinairement lui-même assez de musique pour faire les honneurs de son magasin, qui est en quelque sorte un lieu de musique, puisqu'on y entend sans cesse les accords harmonieux des maîtres qui viennent y essayer ce qu'ils achètent pour leurs élèves, et les petits concerts des orgues portatifs, par lesquels le marchand charme l'oreille des particuliers qui veulent lui faire des emplettes.

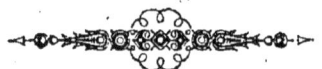

M. MAÇON.

LE Maçon est celui qui travaille en maçonnerie. Ce nom se donne également à l'entrepreneur qui fait les marchés des ouvrages de maçonnerie dans un bâtiment, pour les faire exécuter sous ses yeux, et à l'ouvrier qui les construit. Le premier se nomme *maître Maçon*, le second s'appelle simplement *Maçon*, et n'est qu'un manouvrier ou compagnon qui travaille quelquefois à la tâche ou à la *toise*, et le plus souvent à la journée. Les uns travaillent au plâtre, et d'autres emploient le mortier et la terre; ils font des maçonneries en liaison, en briques, en moellons; ils construisent les murs et murailles, les crépissent et les enduisent, les tuyaux de cheminées et de lieux d'aisance; ils font les cloisons, les lambris et les corniches. Il faut qu'ils sachent gâcher le plâtre suivant l'usage auquel on le destine, éteindre la chaux à propos, choisir un bon sable, et les bien incorporer ensemble. Il y a bien des précautions à prendre pour donner de la solidité aux échafaudages sur lesquels travaillent les Maçons à une hauteur souvent effrayante. Les outils les plus en usage dans leur profession, sont la truelle, l'équerre, le compas et le marteau.

N. NOTAIRE.

Les Notaires sont les fonctionnaires publics établis pour recevoir tous les actes et contrats auxquels les parties doivent ou veulent faire donner le caractère d'authenticité attaché aux actes de l'autorité publique.

Le Notaire donne une date certaine aux actes entre particuliers, et supplée au défaut de signature des personnes qui ne savent pas écrire. C'est devant lui que se font toutes les transactions, les ventes de propriété, les contrats de mariage, les prêts d'argent, etc. Il est chargé de recevoir de tous les citoyens leurs dernières volontés, qu'il rédige en testament. Son étude est le dépôt de tous les actes privés, et lui-même est le dépositaire de la confiance et de la fortune des familles. Le Notaire remplit toujours cette importante fonction avec le sentiment de sa dignité, et se voit environné dans la société d'une considération proportionnée au rang très-distingué qu'il occupe.

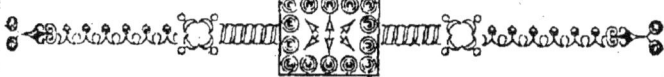

O. OISELEUR.

L'Oiseleur, qu'on nomme aussi *Oiselier*, est celui qui va chasser, et tendre aux menus oiseaux des piéges ou des filets. Il les élève et en fait commerce; il vend aussi les trébuchets pour les prendre, les divers instruments qui servent à cette chasse, les cages, les volières pour les renfermer. On ne chasse et prend à la glu et à la *pipée* que les oiseaux qu'on nomme de *chant* et de *plaisir*, comme les linottes, chardonnerets, pinsons, serins, fauvettes, rossignols, cailles, alouettes, merles, sansonnets, etc. Il n'est pas permis de les chasser depuis la mi-mai jusqu'à la mi-août, parce que c'est la saison où ils font leurs nids et leurs pontes. Les Oiseleurs vendent aussi des tourterelles, des pigeons, des perroquets, et même des écureuils et tous les petits animaux qu'on a chez soi par amusement. La *pipée* se fait dans un bois taillis : on dispose sur les arbres les *gluaux*, qui sont des brins de bois souples, enduits de *glu*; on imite le cri d'un petit oiseau qui appelle les autres à son secours : les oiseaux accourent et se trouvent pris. Les alouettes, oiseaux forts délicats, se prennent aux filets, et souvent on place au milieu un miroir qu'avec une ficelle on fait tourner comme un moulinet lorsque le soleil donne dessus; son éclat attire les alouettes, dont les pattes s'accrochent dans les filets.

P. PÊCHEUR.

Le Pêcheur est celui qui fait son métier de la pêche. Il fait lui-même ses filets, tels que les *seines*, les *tramails*, les *nasses*, les *éperviers*, etc., dont il fait usage suivant les espèces de poissons et la nature du terrain où il pêche.

La pêche du poisson de mer est un objet de commerce des plus importants : la plus difficile et la plus périlleuse est, sans contredit, celle de la *baleine*. La pêche du poisson d'eau douce est plus facile et plus agréable : outre celle qu'on fait à la *ligne*, qui est un long fil de crin attaché à une légère perche, au bout duquel pend un hameçon qui porte quelque insecte servant d'appat, on pêche encore dans les ruisseaux les écrevisses, qui flattent sur nos tables le goût des amateurs. Enfin la pêche, qui est un métier pour les uns, est un délassement pour les autres ; mais, comme on doit nécessairement fréquenter le bord des rivières il faut beaucoup d'attention pour que cet amusement ne devienne pas fâcheux, par les nombreux accidents qu'il occasionne.

Q. QUINCAILLIER.

Le mot *quincaillerie* ou *quincaille*, que l'on écrit et que l'on prononce quelquefois, quoique improprement, *clincaille*, est une dénomination générale sous laquelle les négociants renferment une infinité d'espèces différentes de marchandises d'acier, de fer et de cuivre ouvré, qui font partie de la mercerie. Les principales de ces marchandises sont des ouvrages de coutellerie, les instruments de jardinage, les outils de divers métiers, charpentiers, menuisiers, maçons, etc. les produits de l'art du taillandier, du serrurier, ce qui doit servir aux selliers, cordonniers ; il vend, pour tous les commerces, des poids, des balances, et jusqu'à des armes de toutes sortes. Son magasin est comme une exposition du travail de beaucoup d'ouvriers, et, par cela même, il fournit aux besoins journaliers de presque tous les états.

R. RELIEUR.

C'est celui qui relie les livres, c'est-à-dire qui les fortifie d'une couverture de carton, à laquelle on ajoute soit du papier de couleur, du cuir ou du maroquin, soit des étoffes de soie et toute autre matière précieuse, suivant le luxe qu'on veut y mettre, afin de les conserver plus long-temps, et de les réduire en un volume moins grand. Pour y parvenir, on plie les feuilles qui composent le volume, on les coud, et le Relieur les rogne, en les serrant entre les ais d'une presse ; il attache ensuite les cartons par le moyen des *nerfs* ou bouts de corde laissés exprès par la couseuse; puis il peint ou dore la tranche. Le livre est alors en état de recevoir la couverture qu'on lui destine, soit en veau, soit en vélin, soit en maroquin. Pour dernière façon, le Relieur met au dos le titre et numéro, et avec les outils nommés *Petits-Fers*, grave en relief les fleurons, les filets et autres ornements, dont l'empreinte se fait en les appuyant à plat sur une feuille d'or.

S. SCULPTEUR.

La Sculpture est un art qui, par le moyen du dessin et de la matière solide, imite les objets palpables de la nature. Les Sculpteurs ont commencé à travailler avec la terre et la cire, ensuite avec les arbres qui ne sont pas sujets à se corrompre ni à être endommagés de vers, comme le citronnier, le cyprès, le palmier, l'olivier, l'ébène, etc.; enfin les métaux, l'ivoire et les pierres les plus dures furent employés; le marbre surtout devint la matière la plus précieuse et la plus estimée pour les ouvrages de sculpture. Les ciseaux de fer ébauchent l'ouvrage, la *gouge* aide à caver ou arrondir, suivant le besoin; le maillet sert aux mêmes fonctions, comme la paume de main, pour le finir. C'est c'est art qui a de toute antiquité rendu sensibles aux yeux des mortels les traits des dieux du paganisme; qui, de nos jours, décore nos temples des images des saints Martyrs de la foi, et nos monuments publics des statues des héros, la gloire de leur pays. C'est cet art divin qui nous reproduit les traits de tous les bienfaiteurs de l'humanité.

T. TISSERAND.

Le Tisserand est un artiste dont la profession est de faire de la toile sur le métier avec la navette. En quelques lieux on le nomme *Toilier* ou *Tissier*. On ne sait à qui l'on est redevable de l'invention de la toile : les uns ont prétendu que l'idée en est venue par l'observation du travail de l'araignée ; les autres par l'inspection de l'écorce intérieure de certains arbres. Quoi qu'il en soit de son origine, il est sûr qu'elle était en usage avant Abraham. Le métier du Tisserand est soutenu sur quatre piliers, il est composé de trois *ensubles* ou gros et longs cylindres de bois. Le premier, le plus éloigné de l'ouvrier, porte le fil de chaîne; le second reçoit la toile à mesure que l'ouvrage avance, et le troisième sert de décharge au second. Les uns et les autres ont leur cran et leurs tourillons pour les monter, les lâcher et les arrêter. Il y a encore les *chapelles*, la *chasse* et le *porte-lame*, les *lames* ou petites cordelettes au travers desquelles sont passés les fils de la chaîne; elles servent, par le moyen des marches qui sont en bas, à faire hausser et baisser les fils de la chaîne alternativement : on lance entre les fils de la navette qui porte successivement le fil de la *trame* d'une lisière à l'autre. C'est au Tisserand que nous devons toutes les espèces de toile, soit pour linge de corps, soit pour nappes, serviettes, mouchoirs, dont l'emploi se renouvelle sans cesse.

U. USURIER.

Nous ne faisons mention ici de cet infâme métier que pour le vouer à l'exécration de tous les hommes, le maudire comme le fléau et la peste de la société. Ceux qui l'exercent sont ordinairement avares et cupides, et mettent tout leur bonheur dans la contemplation de cet or, qu'ils ont accumulé par tant de honteux moyens. L'Usurier ne doit avoir ni âme ni entrailles; il ne livre une petite somme qu'avec la certitude qu'elle lui rentrera au double ou au triple. Il sait profiter avec adresse du besoin pressant d'un négociant gêné, d'un joueur à qui la fortune a été contraire, d'un mineur ou d'un fils de famille trop empressé à se jeter dans la dissipation.

V. VERRIER.

Le Verrier est celui qui fabrique le verre et qui s'occupe à en faire différents ustensiles, ou le marchand qui en fait commerce. Les matières qui entrent dans la composition du verre, sont les unes salines, et par conséquent fusibles, et les autres terreuses. Le verre commun se fait avec de la soude non lessivée, du sable et de la charrée. L'atelier d'un Verrier est composé de hangars et de fourneaux. Lorsque les matières qui doivent former le verre ont été calcinées pendant vingt-quatre heures dans les deux fours à cet usage, on les introduit dans des creusets. Alors on fait un grand feu dans le four, et on le continue pendant douze ou quinze heures, jusqu'à ce que le verre soit bien formé et bien fondu. Il est alors en état d'être employé à faire des bouteilles. L'ouvrier plonge dans le creuset une *felle* ; c'est un tube de fer d'environ cinq pieds de long : il en tire une petite masse de verre qu'il laisse refroidir un peu, il la prolonge dans le creuset, où il s'attache une nouvelle quantité de verre au bout de la *felle*, et replonge de nouveau jusqu'à ce qu'il y en ait assez pour faire une bouteille ; il la tourne sur une plaque de fer, élevée au-dessus d'un baquet d'eau ; quand le verre est bien arrangé, on achève la bouteille en faisant aller la *felle* comme un encensoir, pour allonger la masse du verre, en la plongeant dans un moule de fer, où on la tourne en soufflant dans la *felle*. La bouteille prend alors la figure de ce moule, et le cul se trouve formé comme un œuf, qu'on fait rentrer dans l'intérieur, en appuyant dessus un instrument de fer. Le cou de la bouteille se fait avec une verge de fer trempée dans le verre en fusion, qu'on fait tourner circulairement et qui soude un anneau. Le verre à vitres se fait par un autre procédé, où l'on emploie des matières plus pures que dans celui à bouteilles.

CHIFFRES.

DÉNOMINATIONS.	ARABES.	ROMAINS.
Un.	1	I.
Deux.	2	II.
Trois.	3	III.
Quatre.	4	IV.
Cinq.	5	V.
Six.	6	VI.
Sept.	7	VII.
Huit.	8	VIII.
Neuf.	9	IX.
Dix.	10	X.
Onze.	11	XI.
Douze.	12	XII.
Treize.	13	XIII.
Quatorze.	14	XIV.
Quinze.	15	XV.
Seize.	16	XVI.
Dix-sept.	17	XVII.
Dix-huit.	18	XVIII.
Dix-neuf.	19	XIX.

Vingt.	20	XX.
Trente.	30	XXX.
Quarante.	40	XXXX ou XL.
Cinquante.	50	L.
Soixante.	60	LX.
Soixante-Dix.	70	LXX.
Quatre-vingt.	80	LXXX.
Quatre-vingt-dix.	90	XC.
Cent.	100	C.
Deux cents.	200	CC.
Trois cents.	300	CCC.
Quatre cents.	400	CCCC. ou CD.
Cinq cents.	500	D.
Six cents.	600	DC.
Sept cents.	700	DCC.
Huit cents.	800	DCCC.
Neuf cents.	900	DCCCC ou DCD.

Ces caractères s'appellent chiffres; ils servent à compter.

Pour exprimer des nombres plus considérables sans avoir recours à d'autres caractères, on est convenu que de dix unités on n'en ferait qu'une, à laquelle on donnerait le nom de *dizaine*, et que l'on compterait par dizaines comme on compte par unité, c'est-à-dire que l'on dirait deux dizaines, trois dizaines, etc. jusqu'à neuf dizaines; que, pour représenter ces nouvelles unités, on emploierait les mêmes chiffres que pour les unités simples, et qu'on les distinguerait de celles-ci en les plaçant à leur gauche.

Ainsi, pour représenter *trente-quatre*, qui renferme trois dizaines et quatre unités, on est convenu d'écrire 34; pour représenter *soixante*, qui contient un nombre exact de six dizaines, sans aucune unité, on écrit 60. Zéro marque à la fois qu'il n'y a point d'unités simples, et que le nombre six exprime des dizaines.

Pour faire des comptes plus étendus, on forme de dix dizaines une seule unité, qui a le nom de *centaine*, parce que dix fois dix font cent, et on place les chiffres qui appartiennent à ces centaines à la gauche des dizaines.

Il en est de même des *mille*, que l'on forme de dix centaines, et ainsi de suite, pour tous les nombres que l'on peut imaginer.

TRAITÉ D'ARITHMÉTIQUE.

Les principales règles du calcul sont : l'*Addition*, la *Soustraction*, la *Multiplication* et la *Division*.

L'ADDITION.

Henri, supposons que tu tires quelques cerises d'une corbeille ; pour savoir combien tu en a pris, tu diras,
par exemple : . . . . 4 cerises,
plus 2 cerises,
plus 3 cerises,
_____
font 9 cerises.

Le nombre 9 est le total que tu cherchais.

Ainsi l'*Addition* consiste à ajouter plusieurs nombres les uns aux autres pour en connaître la somme totale.

LA SOUSTRACTION.

Supposons que tu n'aies pris que 7 cerises, et que tu en remettes 4, combien t'en restera-t-il?

de 7 cerises,
ôte 4 cerises,
―――――――――
reste 3 cerises.

Ainsi, par la *Soustraction*, on ôte un moindre nombre d'un plus grand pour savoir ce qu'il en reste.

LA MULTIPLICATION.

Si je te donne 15 cerises par jour, combien en mangeras-tu en 4 jours?

Multiplie. 15
par. 4
―――――――――
c'est-à-dire compte 4 fois 15,
tu trouveras. . . . . 60 cerises.

La *Multiplication* consiste donc à multiplier deux nombres l'un par l'autre, pour trouver un troisième nombre qui contienne le premier autant de fois qu'il y a d'unités dans le second.

LA DIVISION.

Si par hasard, il ne s'était trouvé dans la corbeille que 50 cerises, et qu'il t'eût fallu les partager entre six personnes, combien chaque personne en aurait-elle eu ?

$$30 \begin{cases} \text{divisés par 6,} \\ \hline \text{donnent 5.} \end{cases}$$

Chaque personne aurait donc eu 5 cerises.

L'usage de la *Division* est, comme tu vois, de partager un nombre en autant de parties qu'il y a d'unités dans celui par lequel on le divise.

TABLEAU DE MULTIPLICATION.

2	fois	2	font	4
2	fois	3	font	6
2	fois	4	font	8
2	fois	5	font	10
2	fois	6	font	12
2	fois	7	font	14

2	fois	8	font	16
2	fois	9	font	18
2	fois	10	font	20
2	fois	11	font	22
2	fois	12	font	24
3	fois	3	font	9
3	fois	4	font	12
3	fois	5	font	15
3	fois	6	font	18
3	fois	7	font	21
3	fois	8	font	24
3	fois	9	font	27
3	fois	10	font	30
3	fois	11	font	33
3	fois	12	font	36
4	fois	4	font	16
4	fois	5	font	20
4	fois	6	font	24
4	fois	7	font	28
4	fois	8	font	32
4	fois	9	font	36
4	fois	10	font	40
4	fois	11	font	44
4	fois	12	font	48
5	fois	5	font	25

5	fois	6	font	30
5	fois	7	font	35
5	fois	8	font	40
5	fois	9	font	45
5	fois	10	font	50
5	fois	11	font	55
5	fois	12	font	60
6	fois	6	font	36
6	fois	7	font	42
6	fois	8	font	48
6	fois	9	font	54
6	fois	10	font	60
6	fois	11	font	66
6	fois	12	font	72
7	fois	7	font	49
7	fois	8	font	56
7	fois	9	font	63
7	fois	10	font	70
7	fois	11	font	77
7	fois	12	font	84
8	fois	8	font	64
8	fois	9	font	72
8	fois	10	font	80
8	fois	11	font	88
8	fois	12	font	96

9	fois	9	font	81	
9	fois	10	font	90	
9	fois	11	font	99	
9	fois	12	font	108	
10	fois	10	font	100	

COMPLIMENTS.

UN JEUNE ENFANT A SON PÈRE.

Tu le sais bien, ce n'est pas à mon âge
Qu'on sait tourner un compliment :
Mais tout petit qu'il est, mon tendre cœur ressent
Qu'on ne peut t'aimer davantage.

UNE FILLE A SA MÈRE.

Chère maman, modèle de ma vie,
Toi dont je tiens les leçons du bonheur,
Reçois les vœux de ta fille attendrie,
Reçois aussi l'hommage de son cœur !
Chacun de nous à l'envi te couronne,
Chacun de nous t'aime et veut l'exprimer ;
Moi, si jamais tu cesses d'être bonne,
Je dis qu'alors je ne veux plus t'aimer.

UN JEUNE ENFANT A SA MÈRE.

Par cœur j'avais appris un joli compliment,
Et j'accourais le dire à ma chère maman ;
Mais j'ai tout oublié lorsque je suis venu....
Je t'aime, voilà tout ce que j'ai retenu.

UN JEUNE ENFANT A SA MÈRE.

Chants de reconnaissance et d'amour,
A ma mère je vous adresse,
A ma mère, dont en ce jour
J'honore la vive tendresse.
Bonne maman, reçois ces fleurs
Que t'offre la main de l'enfance ;
C'est le seul encens qu'aux bons cœurs
Présente la douce innocence.

A UN INSTITUTEUR OU A UNE INSTITUTRICE.

Dans nos jardins un arbrisseau
Pour croître a besoin de culture ;
Par un travail toujours nouveau
L'homme seconde la nature ;
De même vos soins assidus
Ont cultivé notre jeune âge ;
Et si nous possédons un jour quelques vertus
Ces vertus seront votre ouvrage.

ORLÉANS, IMPRIMERIE DE PESTY.

www.ingramcontent.com/pod-product-compliance
Lightning Source LLC
LaVergne TN
LVHW051505090426
835512LV00010B/2357